Disney
LES ARISTOCHATS

Les Aristochats vivent à Paris avec une noble dame, Madame de Bonnefamille.

Duchesse, la charmante chatte persane, a trois chatons : Toulouse, Berlioz et Marie.

Un jour, alors que les Aristochats rentrent de promenade, Madame de Bonnefamille dit à son majordome :

– Edgar, j'attends mon notaire, Maître Hautecourt.

Duchesse et les chatons dressent les oreilles. Ils aiment beaucoup les visites de ce drôle et sympathique notaire.

Ils entendent déjà la voiture de Maître Hautecourt remonter la rue. **Celui-ci chante joyeusement en conduisant.**

Madame de Bonnefamille sourit et se hâte vers la porte d'entrée pour recevoir son visiteur.

Pendant qu'ils attendent Monsieur Hautecourt, Duchesse demande à ses chatons de s'exercer un peu : Berlioz joue une valse au piano, Marie fait ses vocalises et Toulouse les écoute en peignant un portrait d'Edgar. Il est très inspiré !

Duchesse soupire de bonheur.
Comme elle est fière de ses chatons !

Le vieux notaire arrive. Il chante et danse de joie à l'idée d'une tasse de thé et de petits gâteaux. Madame l'accueille chaleureusement.

— Cher Maître Hautecourt, je vous ai prié de venir, car je voulais vous parler d'un sujet important : je voudrais **rédiger mon testament.**

Par le tube acoustique réservé au service, le fourbe Edgar
écoute toute la conversation.

« Quelle excellente nouvelle ! pense-t-il.
Madame va me laisser toutes ses richesses
en remerciement de mes bons et loyaux services. »

Il rêve déjà d'un château et de nombreux
domestiques pour le chouchouter.

Cependant, à son grand désespoir, Madame veut léguer toute sa fortune aux Aristochats ! Edgar n'héritera que lorsque tous les chats auront quitté ce monde.

– Oh, mais ce n'est pas juste ! pleurniche le majordome. **Ces chats doivent disparaître !**

Un sourire diabolique apparaît sur son visage.

Edgar prépare **un plan machiavélique** pour se débarrasser des félins. Il met des comprimés de somnifère dans la casserole de lait chaud.

Une fois que les chats seront endormis, prévoit-il, il les emmènera bien loin et les abandonnera en rase campagne. Il trépigne d'impatience.

— **Petits, petits, j'ai préparé votre plat préféré !**
s'exclame le perfide majordome.
La crème de la crème, façon Edgar ! Vous m'en direz des nouvelles.

Les chatons ronronnent joyeusement et se frottent contre ses jambes.

Roquefort, la souris de la maison, accourt avec un biscuit pour partager leur bon repas.

C'est un véritable festin ! Duchesse, les chatons et Roquefort se régalent. Cependant, **plus ils mangent, plus ils ont sommeil.**

Roquefort grignote son biscuit mais ses paupières se font lourdes. Il retourne à son trou de souris en chancelant.

Tous bâillent très fort, puis s'endorment bien vite.

Plus tard, Edgar met les chats dans un panier et les emmène loin de chez eux et de leur maîtresse adorée.

Cependant, son plan ne se déroule pas comme prévu. Deux chiens de chasse le poursuivent jusque dans la rivière et voilà que le panier tombe de la moto. Il atterrit sur un tapis d'herbe moelleux, tandis qu'Edgar file, **abandonnant les chats à leur triste sort.**

Les Aristochats sont réveillés par le tonnerre et les éclairs. Duchesse rassemble ses chatons apeurés autour d'elle et fait de son mieux pour les protéger de la pluie.

— **N'ayez pas peur, mes chéris,** tout va bien, tente-t-elle de les rassurer.

Mais elle est inquiète : comment sont-ils arrivés là ? Et que va faire cette pauvre Madame de Bonnefamille sans eux ?

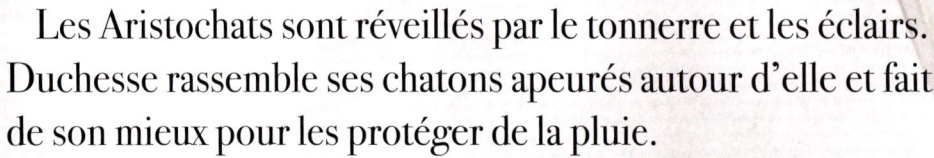

Le lendemain matin, Duchesse est toujours un peu perdue, mais heureusement **elle rencontre un chat de gouttière** qui lui offre son aide.

Il se présente :

– Walter Giuseppe Désiré Thomas O'Malley, pour vous servir.

O'Malley se prend tout de suite d'affection pour les trois chatons. Il ne résiste pas à leurs grands yeux pleins d'espoir.

Profitant que le conducteur d'un camion examine son moteur, O'Malley encourage Duchesse et les chatons **à monter à l'arrière.**
Le camion transporte des bidons de lait.
Quelle chance ! Les chats se lèchent les babines, ils vont pouvoir se régaler.

— Au revoir, dit Duchesse.

O'Malley leur fait un signe de la patte et leur souhaite bon voyage.

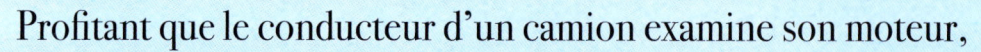

Hélas, le camion saute sur une grosse pierre et la petite Marie est **projetée sur la route.**

– Marie ! crie Duchesse, affolée, tandis que le camion file à toute vitesse.

O'Malley, qui s'éloignait déjà, entend crier et se retourne juste à temps pour voir ce qui se passe.

O'Malley attrape Marie dans sa gueule et se précipite à la poursuite du camion. D'un bond digne d'un lion, il grimpe sur la plate-forme !

– Hourra ! s'écrient Berlioz et Toulouse.

– Merci, cher ami, dit Duchesse, soulagée.

Après toutes ces émotions, le chat de gouttière n'a plus l'intention de les quitter. Il décide de les accompagner à Paris.

Pendant ce temps, **Edgar se réjouit à la lecture** de l'article concernant la disparition des chats.

— Comme c'est méchant, ricane-t-il, qui a bien pu kidnapper ces pauvres petites bêtes ? ajoute-t-il à l'attention de Roquefort et de la jument Frou-Frou.

— C'est lui, il a kidnappé les chats, murmure Roquefort.

Loin de là, les Aristochats sont descendus du camion et continuent leur voyage. Ils suivent les rails du chemin de fer. Ils s'apprêtent à traverser un pont quand les rails se mettent à trembler.
Un train fonce dans leur direction !
— Courez, mes petits ! crie Duchesse.

Les chatons font demi-tour et s'enfuient à toutes pattes.

— Pas de panique ! s'écrie O'Malley. Suivez-moi, réfugions-nous sous le pont !

Les Aristochats et O'Malley s'accrochent aux poutres, mais les secousses sont si fortes que **Marie lâche prise et tombe dans la rivière !**

— Au secours ! gémit-elle.

— Tiens bon, Marie, j'arrive ! la rassure O'Malley avant de plonger.

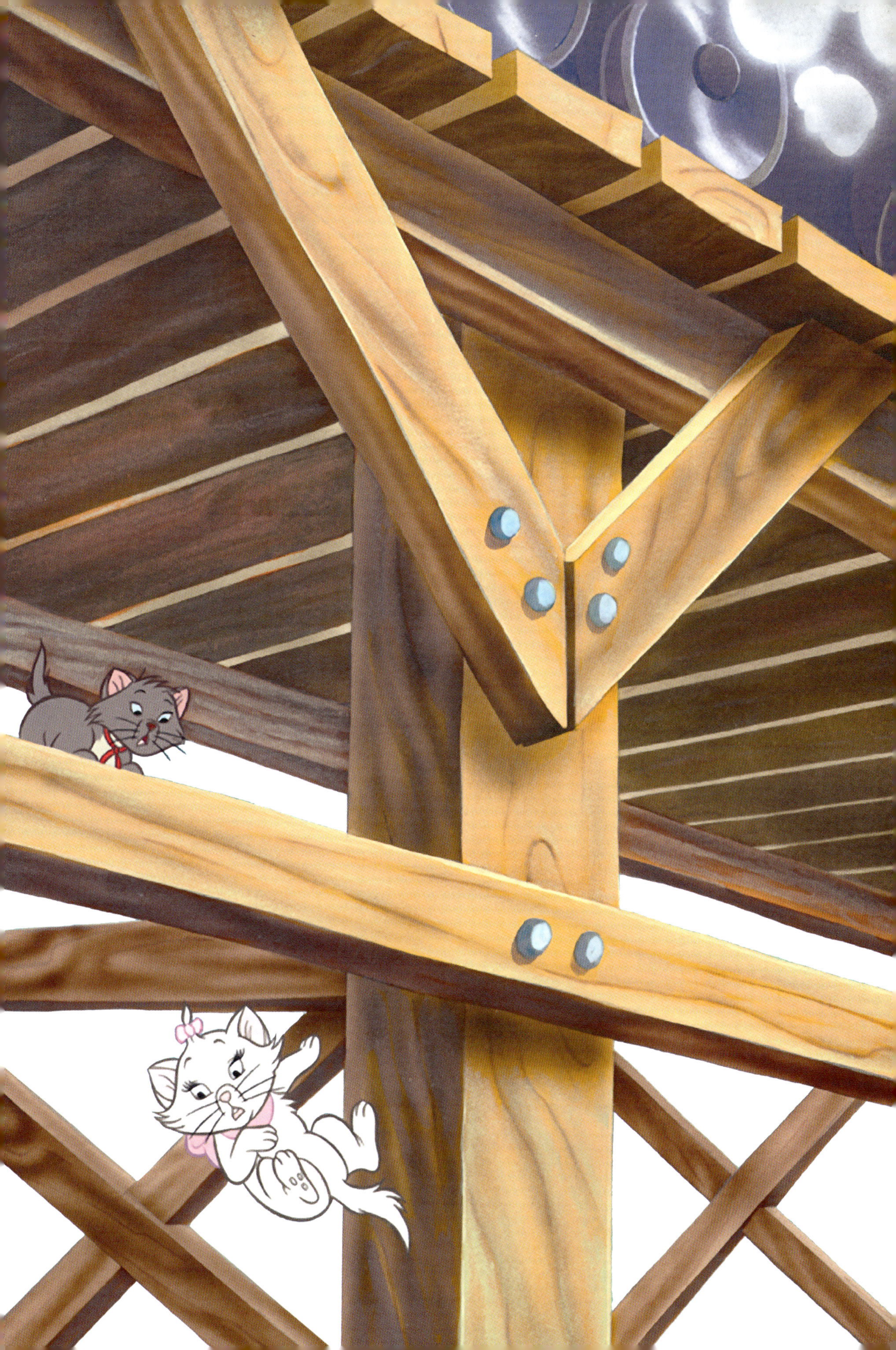

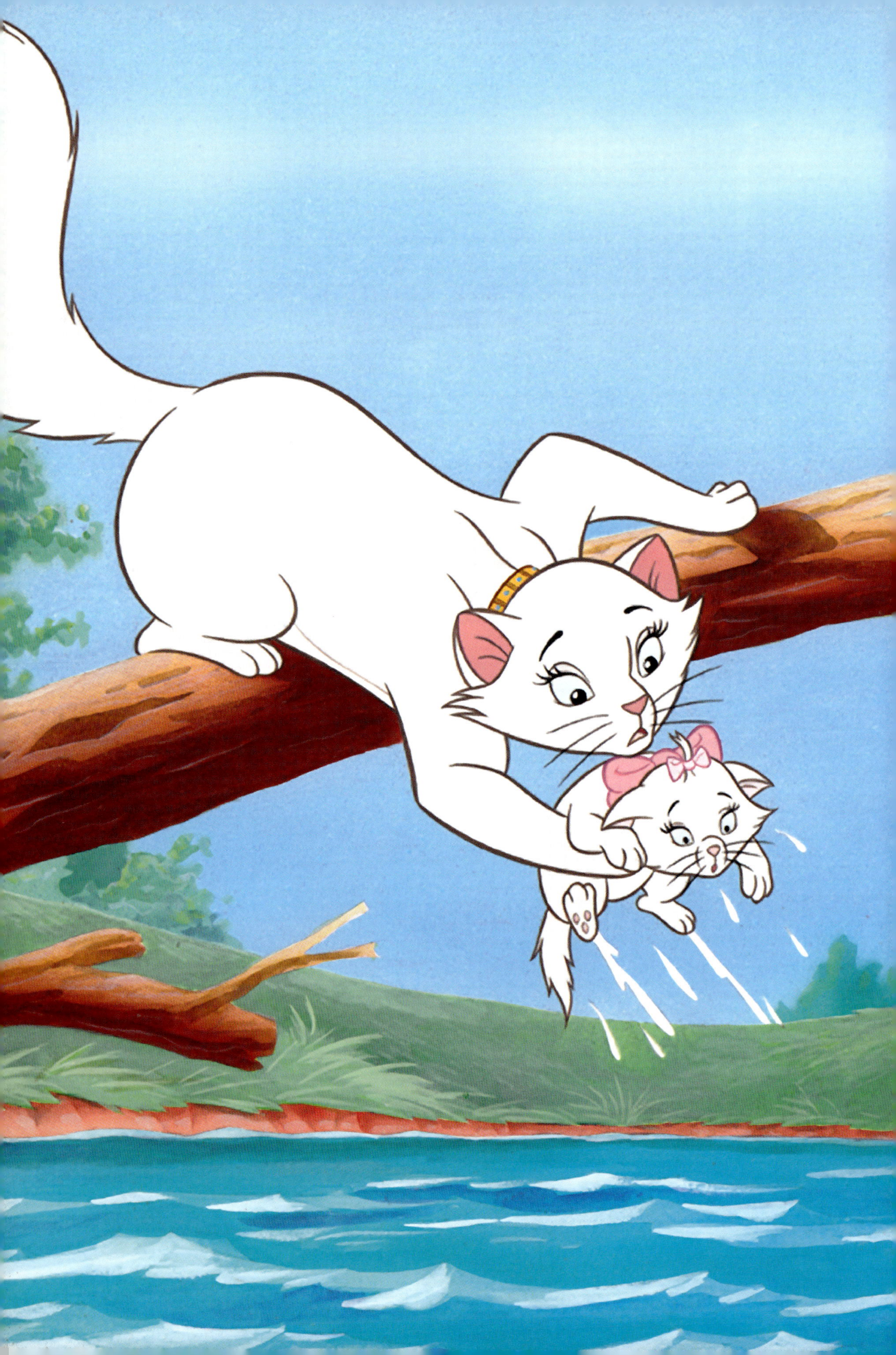

Pendant que Duchesse descend précipitamment
du pont, O'Malley réussit à attraper Marie et à la déposer sur une bûche
à la dérive. **Puis il tend la petite à sa maman** qui l'attend
sur une branche.
Ouf, elle est sauvée !

« Cette famille a une vie bien mouvementée, se dit O'Malley,
qui, comme tous les chats, a horreur de l'eau. »

Les Aristochats et O'Malley arrivent enfin à Paris. Les chatons sont si fatigués qu'O'Malley invite la petite famille à se reposer chez lui.

Mais la soirée ne s'annonce pas de tout repos.

Une joyeuse musique de jazz retentit dans l'appartement.

Ses amis musiciens sont en pleine répétition. O'Malley redoutait un peu que les Aristochats n'apprécient pas ses amis et leur musique, mais c'est tout le contraire !

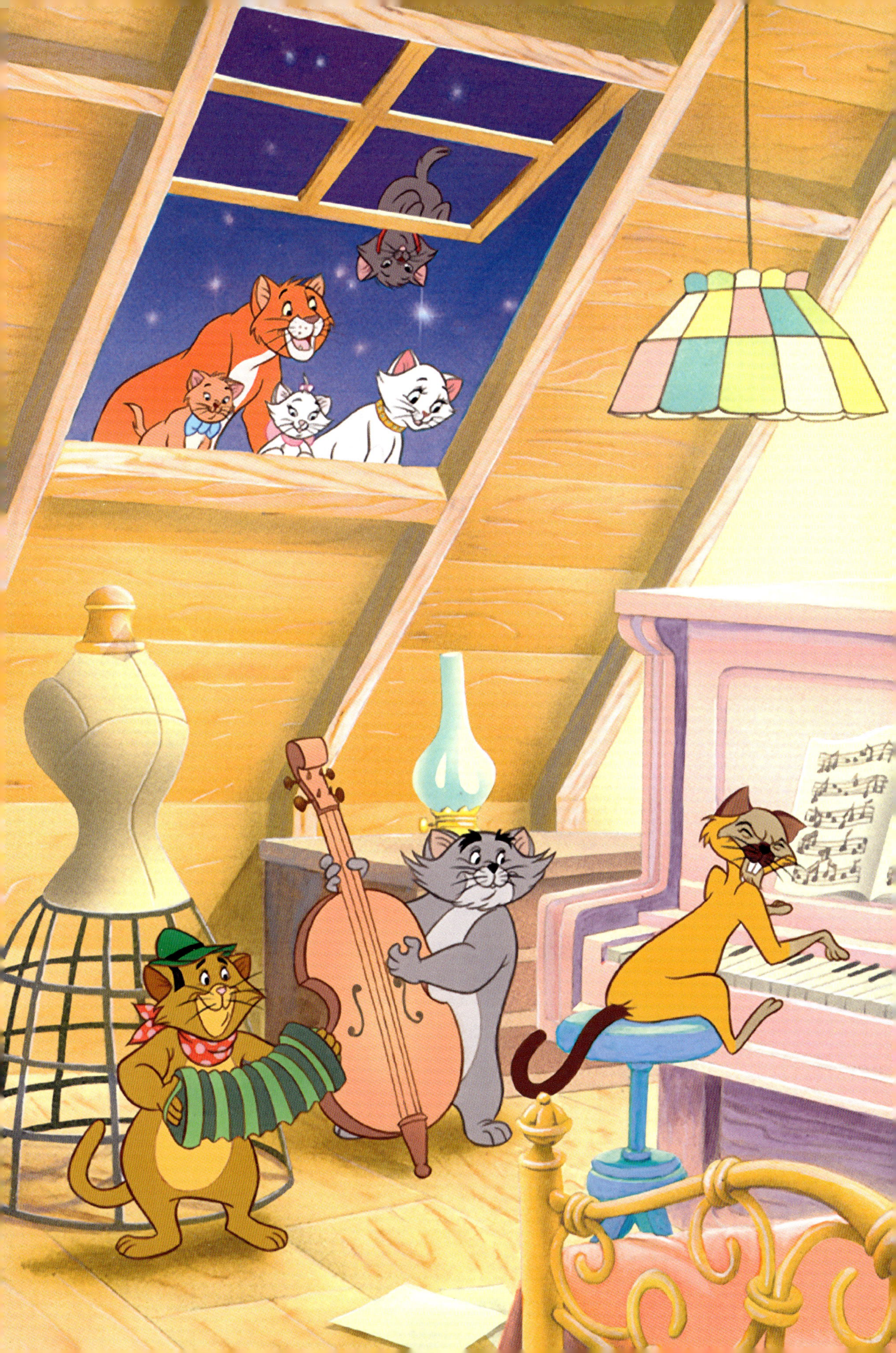

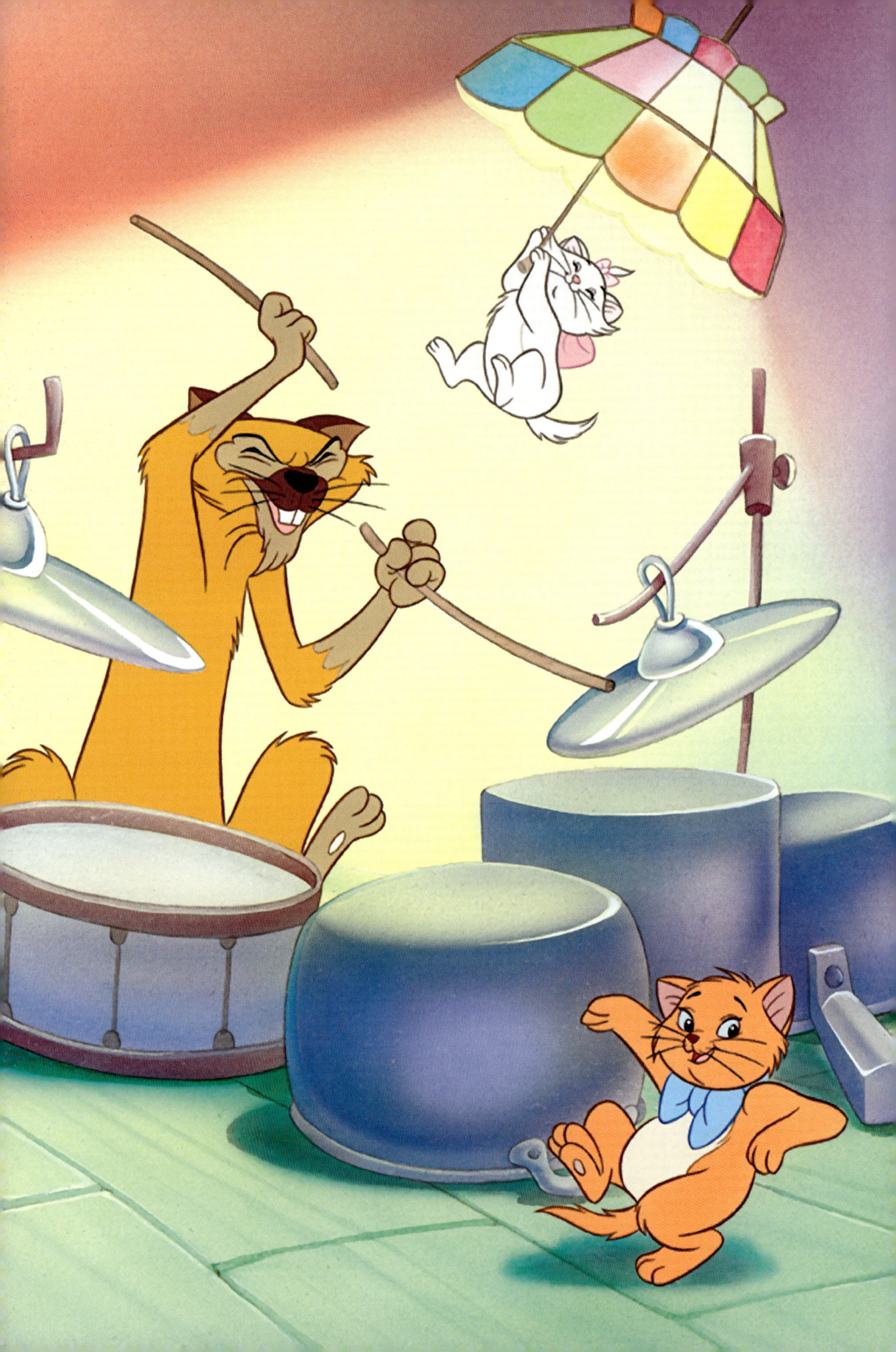

O'Malley et Duchesse se mettent à chanter et à danser, et les chatons se joignent à eux.

– **J'adore cette musique, Maman !** s'enthousiasme Berlioz en jouant du piano. Ce n'est pas Beethoven, mais ça a du rythme !

Marie, quant à elle, joue les acrobates et Toulouse se déhanche sur la piste.

– Sacrés chatons ! s'exclament les musiciens.

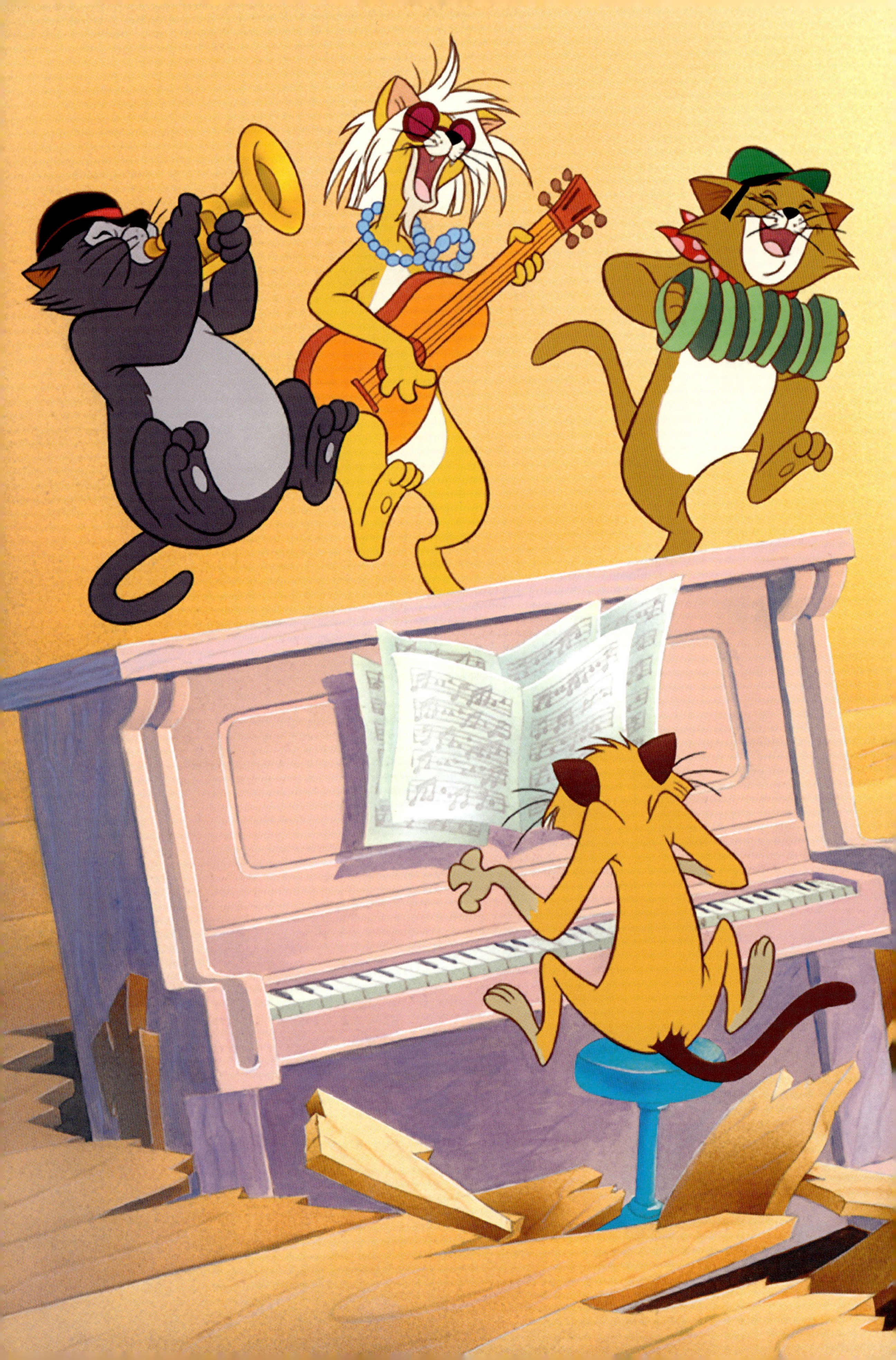

Les musiciens se déchaînent quand, tout à coup, le vieux plancher s'écroule et les chats dégringolent d'étage en étage.

Heureusement, les amis d'O'Malley ne sont pas blessés et continuent de jouer.

La musique résonne encore longtemps dans les rues de Paris.

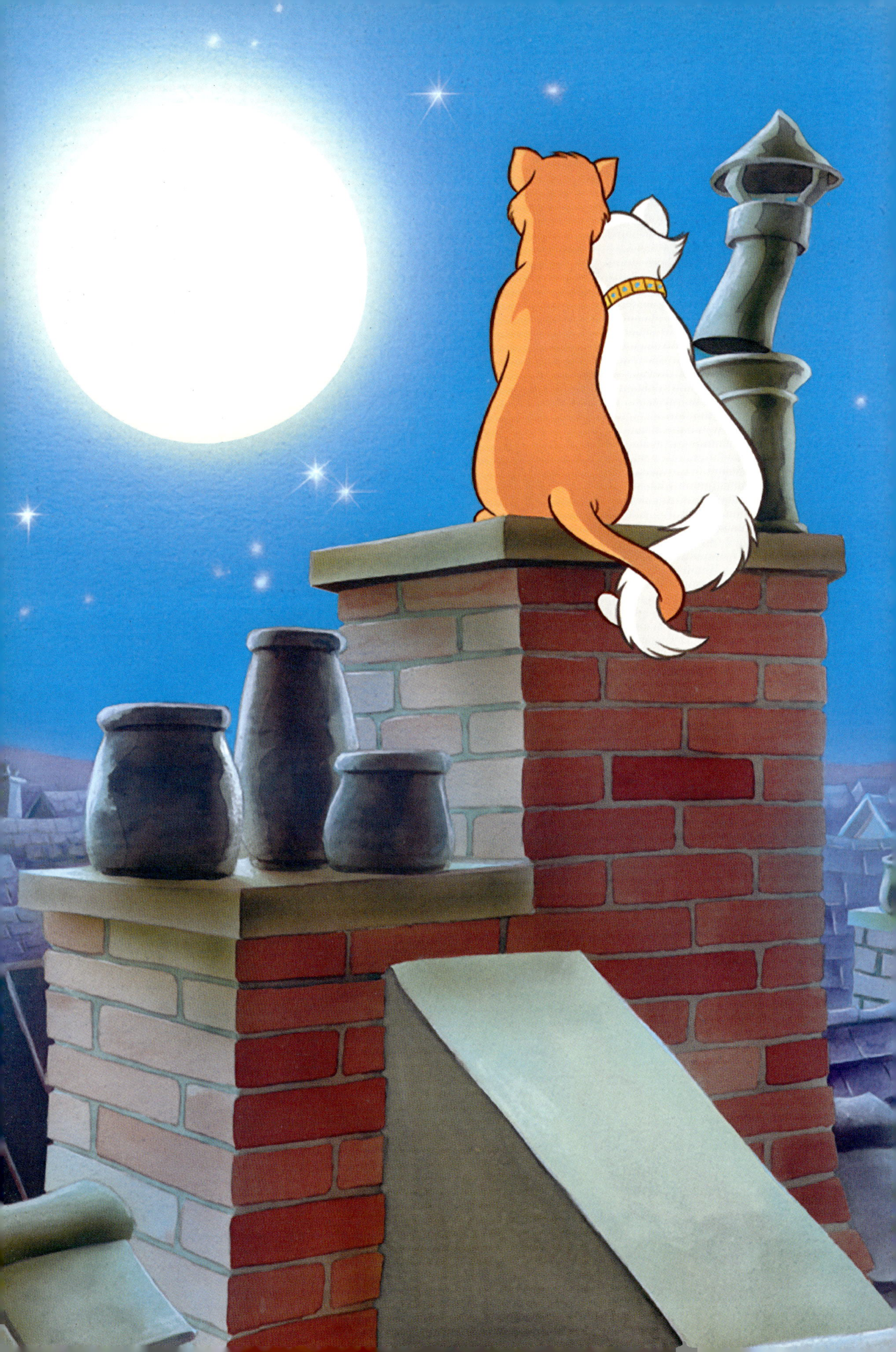

O'Malley et Duchesse sortent admirer Paris sous les étoiles.
Le chat de gouttière demande à Duchesse si elle peut rester plus longtemps.

— Oh, cher ami, j'aimerais bien, répond-elle. Mais nous ne pourrions jamais quitter Madame, elle prend si bien soin de nous et doit être si triste que nous ayons disparu.

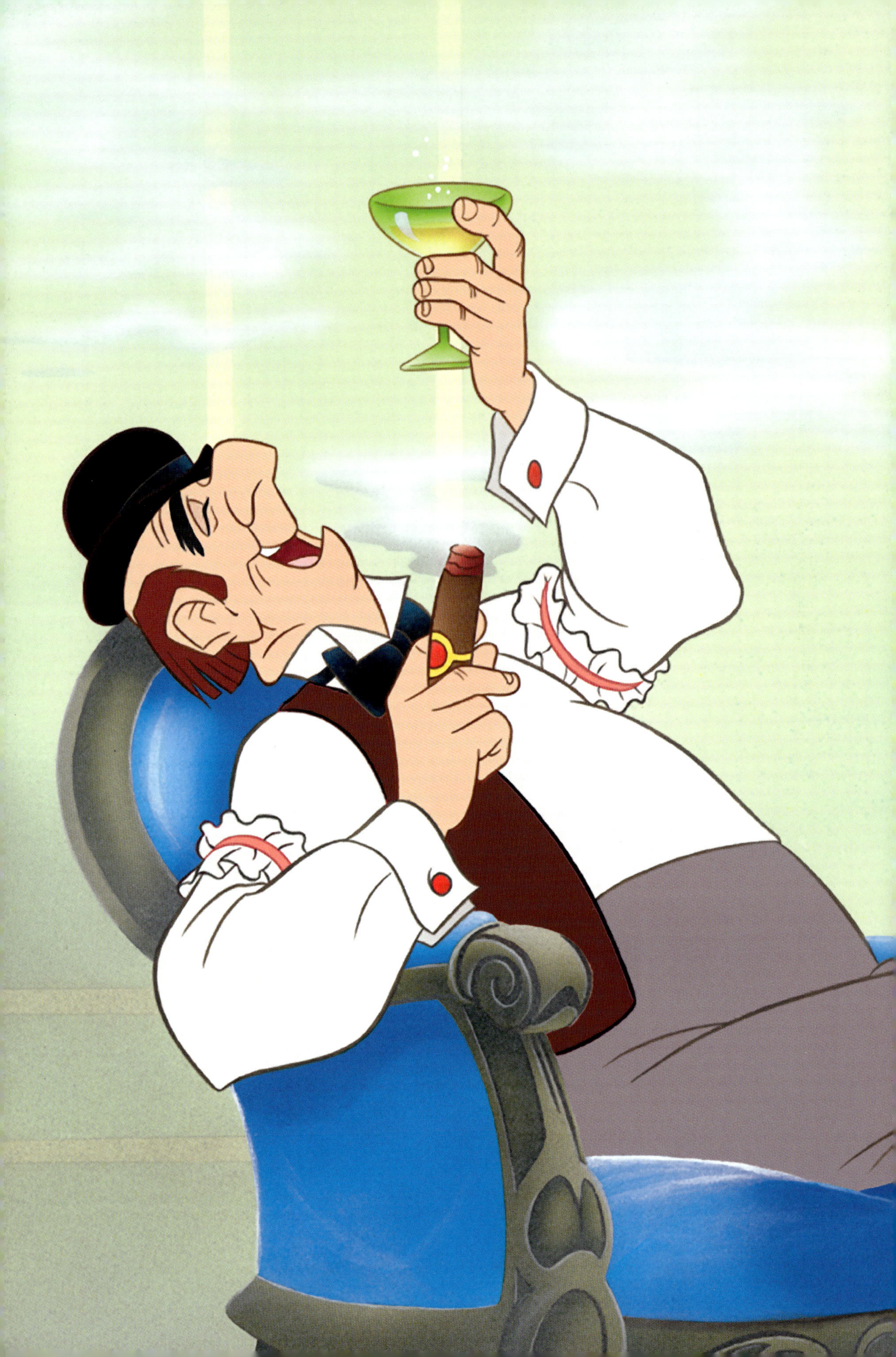

Le lendemain matin, pendant qu'O'Malley raccompagne la petite troupe chez leur maîtresse, Edgar rêve de sa nouvelle vie avec la fortune de Madame de Bonnefamille.

Roquefort ayant aperçu les Aristochats, il essaie de nouer ensemble les lacets d'Edgar pour l'empêcher de se lever.

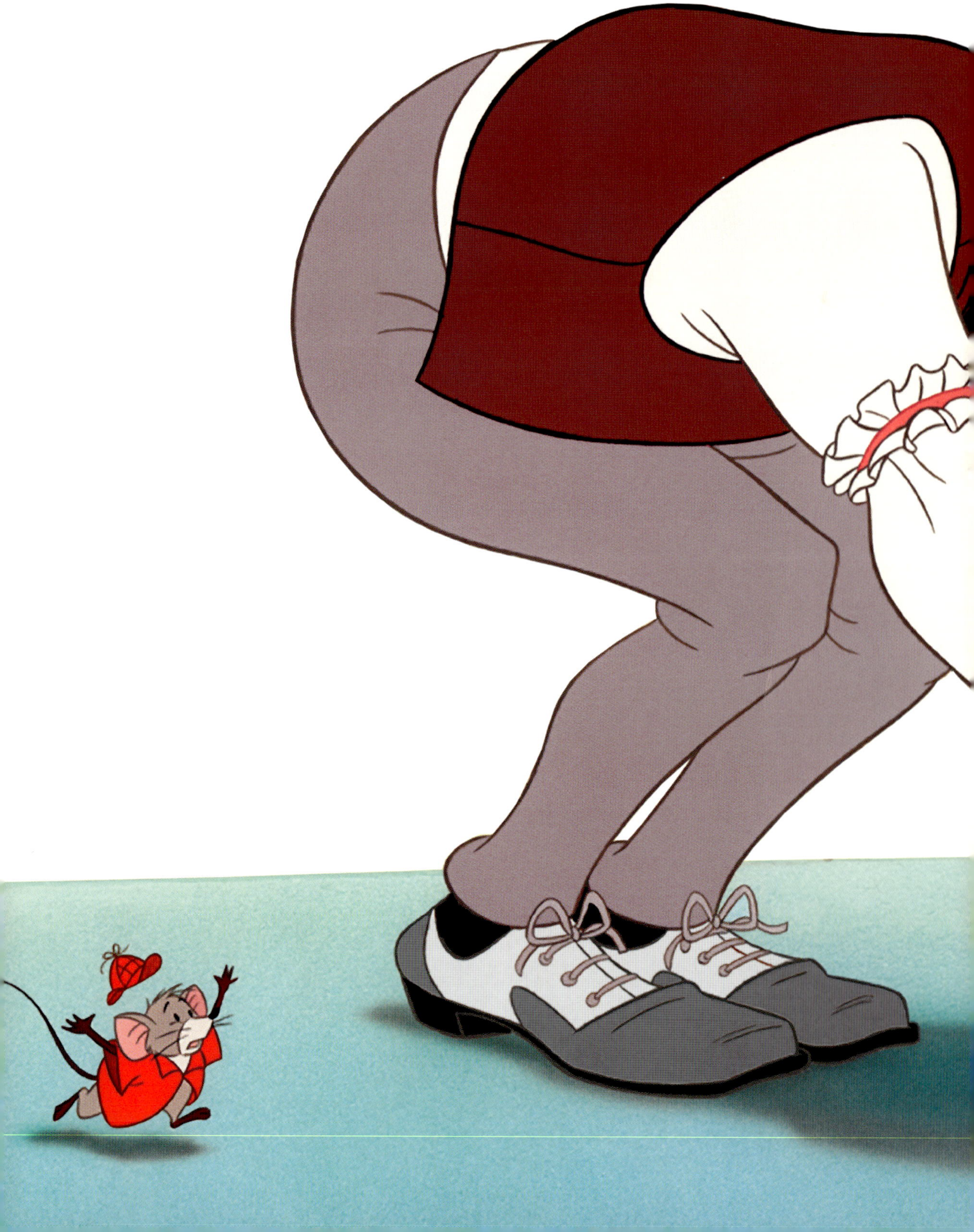

Hélas, Roquefort n'a pas le temps de terminer sa tâche, car Edgar les voit à son tour. Sans pitié, le méchant majordome se jette sur eux et **les fourre dans un sac** qu'il dissimule dans le four éteint.

— Maman, j'ai peur, il fait noir ! s'écrie Toulouse.

— Tout ira bien, le rassure sa maman.

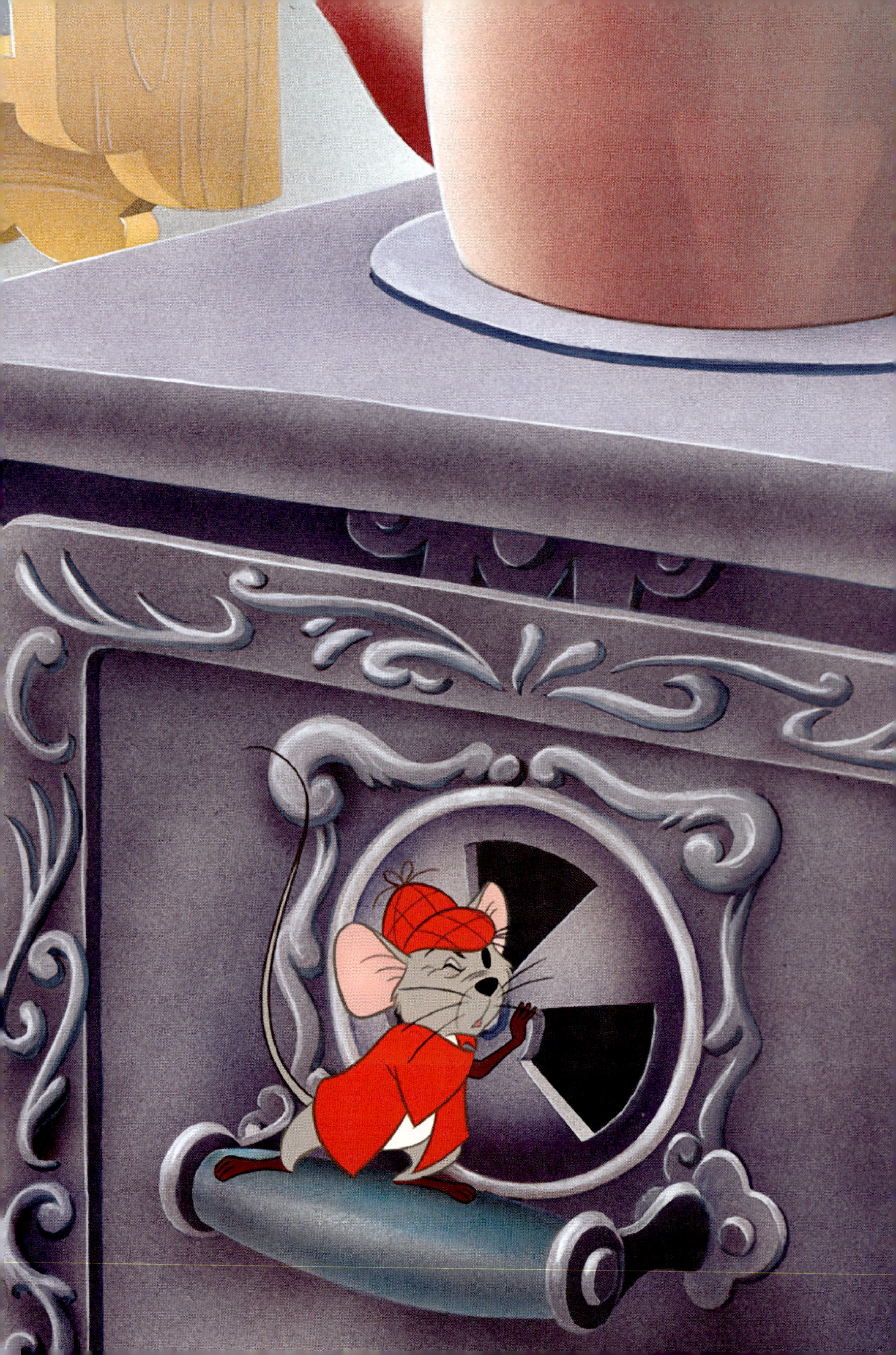

Roquefort se précipite vers le four et Duchesse lui crie :

– Vite, rattrape O'Malley !

Roquefort retrouve O'Malley qui lui ordonne :

– Va chercher mes amis les chats de gouttière.
Dis-leur que tu viens de ma part. On se retrouve chez Madame de Bonnefamille !

Roquefort court à perdre haleine, il faut sauver les Aristochats !

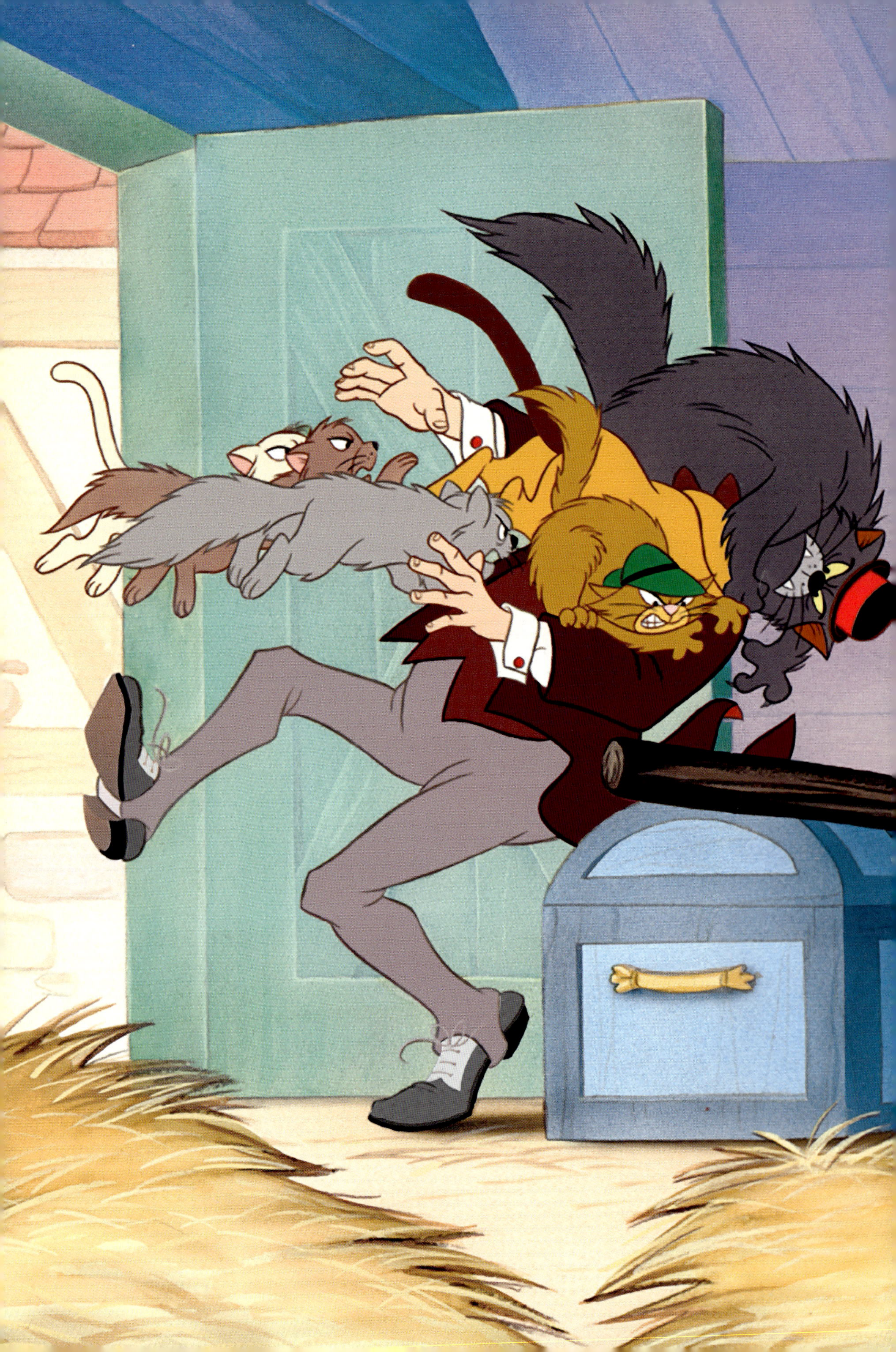

Pendant ce temps, O'Malley arrive juste à temps pour voir Edgar enfermer les chats dans une malle. Il a l'intention de les envoyer à Tombouctou ! O'Malley se jette sur lui mais le majordome se saisit d'une fourche pour se défendre.

Heureusement, les amis d'O'Malley, accompagnés de Roquefort, surgissent à point nommé et **se jettent sur Edgar !**

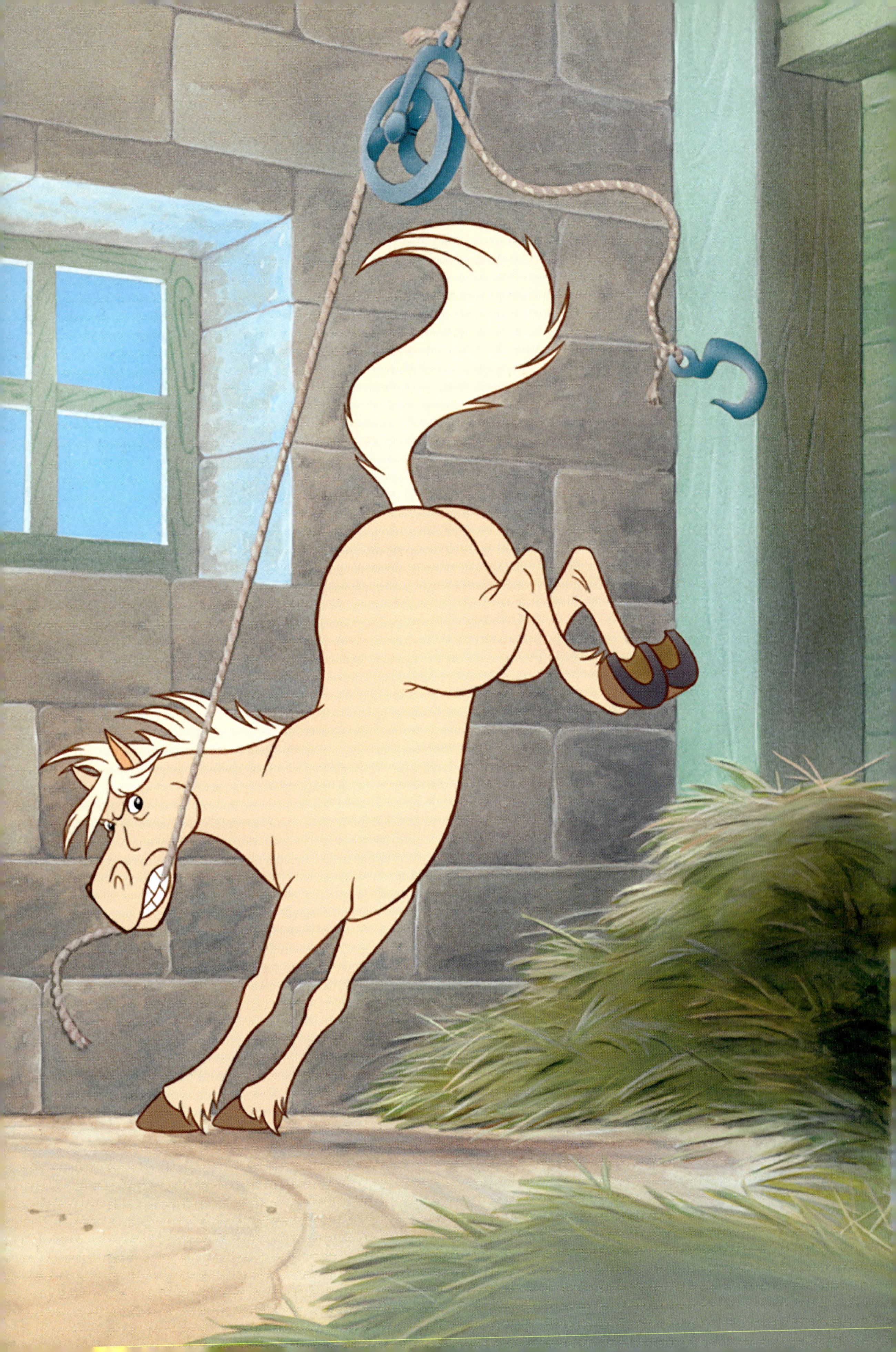

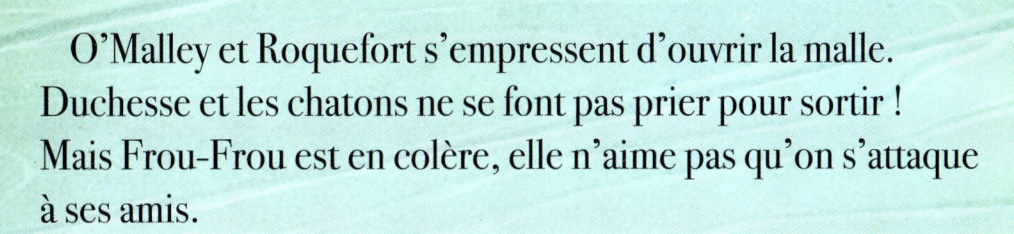

O'Malley et Roquefort s'empressent d'ouvrir la malle. Duchesse et les chatons ne se font pas prier pour sortir ! Mais Frou-Frou est en colère, elle n'aime pas qu'on s'attaque à ses amis.

D'un bon coup de pied au derrière, **elle expédie Edgar dans la malle**. O'Malley claque joyeusement le couvercle. Le colis pour Tombouctou est prêt !

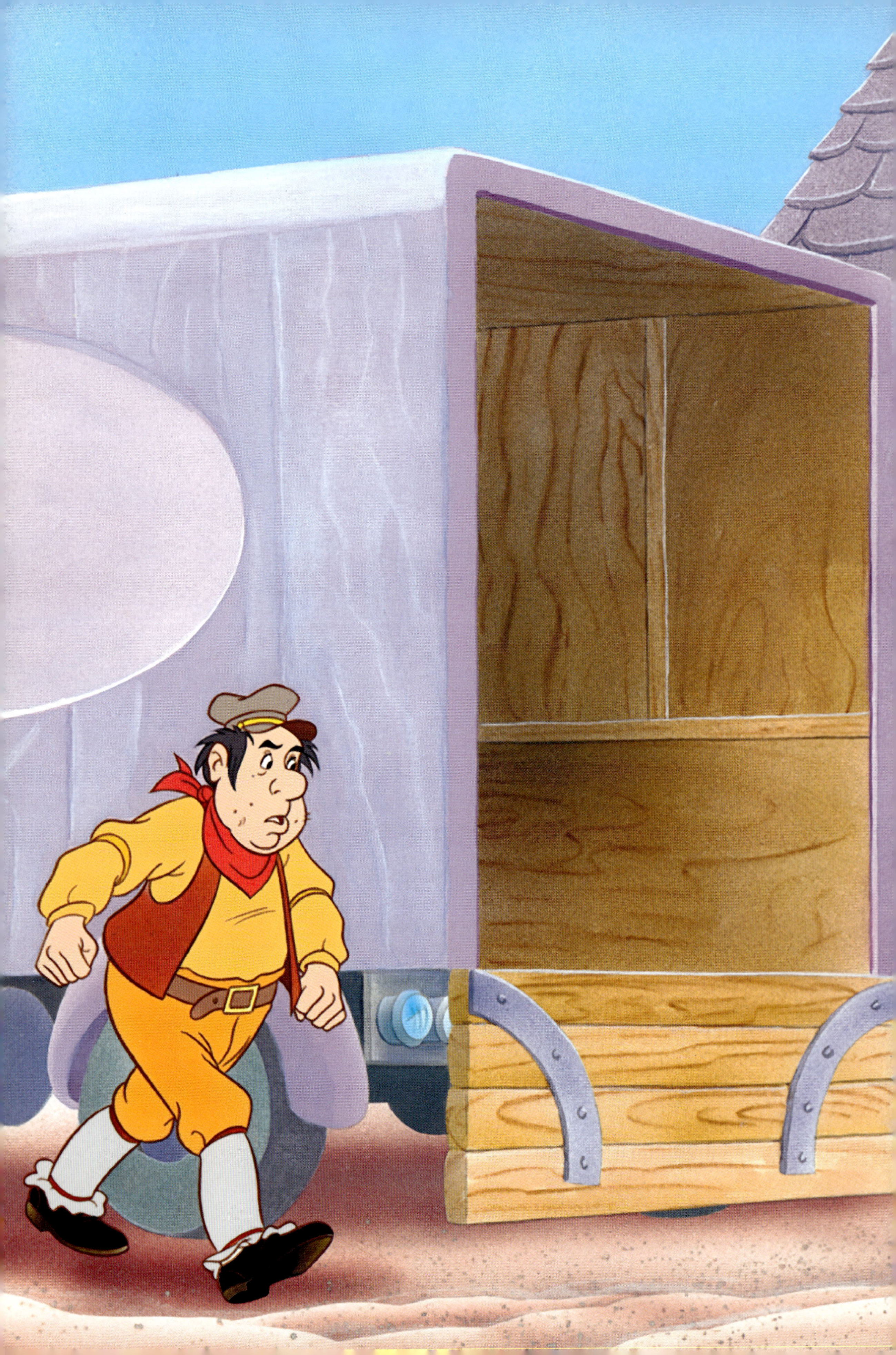

Le camion de la poste est là. Ho hisse ! les chats de gouttière poussent la malle à l'extérieur.

– **Bon voyage, vilain Edgar !** miaule Toulouse, ravi.

Le postier charge la malle à bord du camion. Duchesse et les chatons pourront dormir tranquilles, à présent.

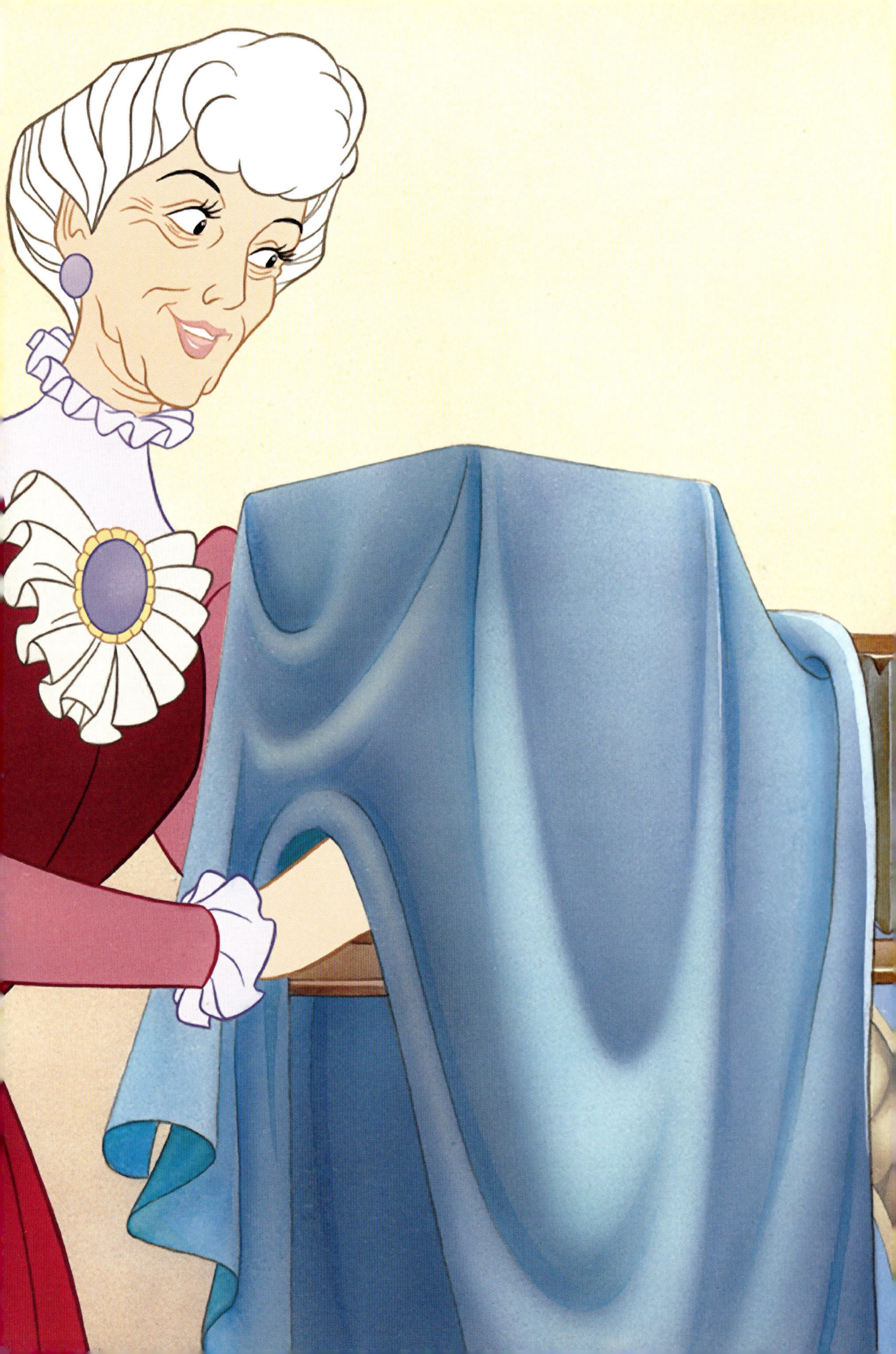

C'est la fête aujourd'hui. Madame de Bonnefamille est **folle de joie d'avoir retrouvé ses trésors.** Les chats posent fièrement devant l'objectif. O'Malley est tellement charmant qu'elle a décidé de l'adopter lui aussi.

Tandis qu'elle prend une photo de sa joyeuse famille, Maître Hautecourt lui rend visite.

Madame lui parle de son nouveau projet : elle va ouvrir un foyer pour tous les chats errants de Paris. Les Aristochats, O'Malley et leurs amis célèbrent l'événement en musique avec un nouveau chef d'orchestre nommé Roquefort.
Cette nouvelle est vraiment ex-*chat*-ordinaire !

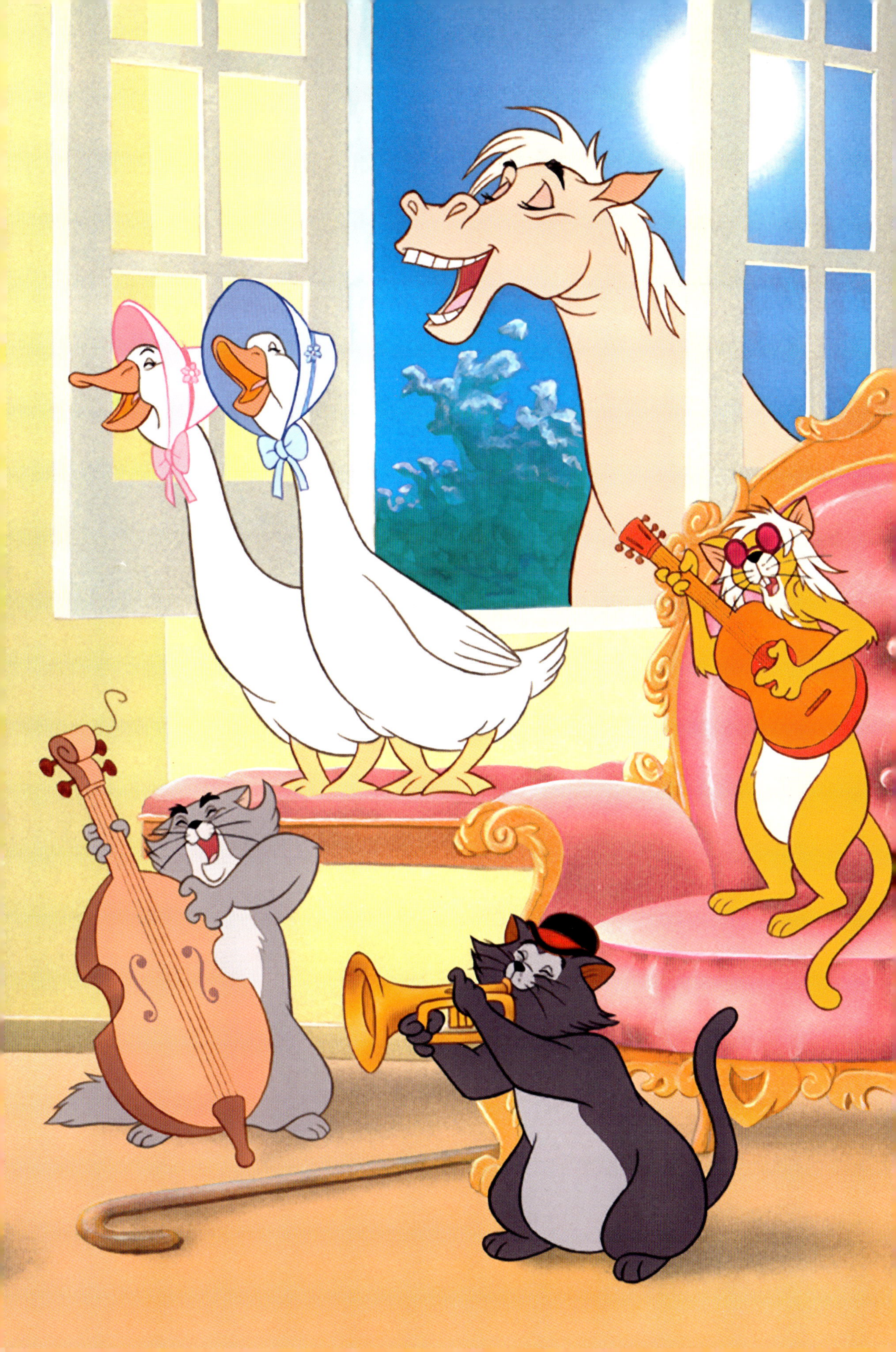

© 2020 Disney Enterprises, Inc.
Tous droits réservés.

Responsable éditoriale : Adélaïde Lebuy
Fabrication : Marine Wiplier
Édition : Cécile Brochet
Graphisme : Glen Le Boulicaut
Adaptation texte : Nathalie Nédélec-Courtès
Mise en page : Céline Trouvé
Suivi éditorial : Stéphanie Go

Édité par Hachette Livre - 58 rue Jean Bleuzen, 92178 Vanves Cedex
Imprimé par Estella Graficas, en Espagne - Achevé d'imprimer : mai 2020
ISBN : 978-2-01-711688-2 - Édition : 01 - Dépôt légal : mai 2020

Loi n°49-956 du 16 juillet 1949 sur les publications destinées à la jeunesse.
Pour tout renseignement concernant nos parutions, nous contacter
par e-mail : disney@hachette-livre.fr

Pour l'éditeur, le principe est d'utiliser des papiers composés de fibres naturelles, renouvelables,
recyclables et fabriquées à partir de bois issus de forêts qui adoptent un système d'aménagement durable.
En outre, l'éditeur attend de ses fournisseurs de papier qu'ils s'inscrivent dans une démarche
de certification environnementale reconnue.